JN441325

그때 그곳에는

詩集 2

그때 그곳에는

一同 곽동일

이음과펼침

시인의말

두 번째 시집을 내며 '그때 그곳'의 의미를 돌아본다.

우리의 삶은 지금 머물고 있는 자리에서 만들어진다.
그때 그곳이 나를 만들고
지금의 내가 되게 했다.

지금 있는 곳에서
최선을 다하는 삶만이
다음을 기약할 수 있다.

모든 순간에 머물렀던
수많은 그때 그곳이
오늘의 나를 이 자리로 이끌었다.

지나온 삶에 감사하며,
앞으로를 새롭게 시작한다.

목차

N
W
E
S

단벌 신사

옷장 속 늘 한결같이
빛바랜 재킷 하나

해진 소매 끝엔
수많은 날들의 추억

사람들은 묻는다
왜 늘 같은 옷이냐고

나는 답한다
왜 늘 같은 하루냐고

다림질이 덜 된 아침에도
주머니엔 결심 하나

어제와 같은 구두에
오늘을 입는다

그때 그곳에는

회사에서는
즐거운 표정 사이로
숫자와 시간을 씨름하고

운동장에서는
발끝으로 바람을 차며
모든 생각을 흘려보낸다

노래방에서는
목청 가득 소리질러
쌓인 하루를 털어내고

집에 돌아와
거실의 구석 책상에서
밤새워 글을 쓴다

철부지

먼저 고개 내민 얼굴
때를 모르는
철부지 꽃 하나

사람을 가리지 않고
세차게
살을 에는 바람

이르게 피어나
당황스러운 계절에
흔들리며 피어난다

방랑길

나그네가 머물렀던
자리를 잊을 즈음

지도에 없는 길이
떠오르고

정하지 않은 목적지
입안에서 맴돌 뿐

머릿 속에는 온통
상상의 먼지만 날린다

세월 가면

지나온 시간만이
되풀이된다

세월이 가는 속도
발걸음이 바쁘다

붙잡으려 해도
옷자락만 스칠 뿐

하고 싶은 말은
순서에서 밀리고

기다림

인디언들은
말을 타고 달리다가

잠깐 멈춰
뒤를 보며

영혼을
기다린다네

따라오지 못한
삶의 각오들

함께 가기 위한
응시의 뒷걸음질

길벗

말 없이
같은 곳을 향해
발 맞추며
걸어 가는

모두가
길동무요
가족이며
스승

도착 시간을 맞춰
과정을 함께
서로를 의지해서
걷는 사람

탈춤

웃는 탈
울음을 숨기고

우는 탈
웃음을 감춘다

탈을 쓰면
자신을 잊고

그 얼굴에 맞춘다
오직 그 탈의 신분으로

휴일

휴일은
아무 일 하지 않아도
괜찮다고 허락받는 시간

무언가를 해야 한다는
마음의 소음을
내려놓고

가만히
내 안을
비워보는 날

가벼운 식사

가벼운 식사
배를 채우기보다
잠깐 달래기

무겁지 않은
끼니
배를 채우고

적은 것으로
만족을 배우는
습관 만들기

휴게소

목적지 사이에 놓인
쉼표
머무르고 가는 곳

재촉하던 시간이
차 한 잔에
멈추고

수많은 이의 뒷모습
우동 한 그릇이
달래주는 곳

수도승

말을 줄이고
눈을 감고
속도를 늦춘다

아무것도
가지지 않지만
버릴 것이 많은 삶

하루를 일 년처럼
늘려가는
수도승

마음 찾기

채워도 금세 텅 비고
움켜쥐면 이내 흘러내려
잡으려 할수록 먼

마음을 찾아주세요
방랑자의
마음 찾기 여행

어디에 머물지 몰라
가만히 내 안을
들여다본다

소풍

김밥과 삶은 달걀
곁들이는 햇빛

도시에서 떨어진
펼쳐진 돗자리

책 대신에
바람을 넘기고

아쉬워했던
떠나는 시간

한 송이꽃

담장 옆에
홀로 핀 꽃 한 송이

누가 심었는지
아무도 모르고

지나가는 바람에
고개를 맡긴 채

햇빛 드는 쪽으로
몸을 틀어

보는 이 없어도
제 계절을 산다

시간이 지나간 뒤

바람이 지나간 길에
붙잡을 것은
몇 개 없더라

물이 지나간 자리에도
남겨진 게
드물더라

시간이 지나간 뒤에도
변치 않는 것만
남더라

여행

울진 삼척

열 다섯살의 용기

어른 되기

두 번째 여행 부산

무궁화호 여섯 시간

해운대 끝 민박집

세 번째 여행 제주도

자전거 일주

하루를 두 바퀴 위에

네 번째 여행 사회 속으로

일 속에 빠져

헤엄치는 중

삼다(三多)

말 없는 돌
밟힐수록 단단해지고
쌓일수록 바람을 막는다

지나가는 바람
지붕을 묶고
마음을 낮게 눕힌다

바람이 떠난 빈 자리
파도 속의 해녀들
삶을 길어 올린다

클로버

클로버는 늘
눈에 띄지 않고
잎들 사이 몸을 숨긴다

찾으면 보이지 않고
그냥 지나칠 때
고개를 내민다

의도치 않은 순간의 행운
우연처럼 오고
모른 척 곁에

다름과 따름

다름은
서로의 거리가 아닌
각자의 자리를 지키는 일

같지 않기에
멀어지지 않고
이해의 틈이 생긴다

따름은
무조건이 아닌
존중의 결과물

내 방향을 잃지 않고
네 걸음을
인정하는 일

무표정한 얼굴

아무 말없이
지나온 흔적

웃지도 울지도 않은
대답 없는 얼굴

흔들림 없는 눈빛
접혀진 마음

겹겹이 쌓인
무겁게 느낀 시간 속에서

잠버릇

고요한 밤일수록
낮버릇의 기억

깨어 있는 동안
말하지 못한 이야기

뒤척임 마다
낮기억이 묻어나고

잠든 사이에도
무얼 설명하는지

별들의 시간

아무도 보지 않는 사이
스쳐간 별무리

낮의 소음이 모두 잠든 뒤
작은 빛들이
제 이름을 찾아 반짝이고

닿을 수 없는 아득한 거리에서
서로의 안부를 묻고

이어지는 긴 밤의 대화가
은하수를 이루며
하늘의 문장으로 남는다

어항

작은 울림 하나
물결이 번지고

잠잠했던 하루가
흔들린다

간혀 있어서
고인 마음이

수평선과
부딪힌다

정월의 독서

새해를 다짐하는 독서
또렷한 글자 위로
쌓이는 여러 각오들

빽빽한 문장 사이
새로운 길을 찾으려
눈동자가 붉고

묵은 마음이 안 씻겨
다시 돌아가는
이전 페이지

환절기

계절이 바뀌면
여지없이 찾아오는
불청객

열기에 취해
여름을 잊지 못한 탓일까
서리에 놀라
겨울을 겁내는 탓일까

새로운 계절을 맞이하는
치열한 예식을
아직 못 받아들이는 탓일까

한 시절을 털어내려
온몸을 떨고 나면
비로소 내 안에
새로운 풍경이 뿌리내린다

폭설

온 세상의 모서리
감싸주러 오고

모든 발자국
지우려고 내리네

잘못된 흔적을
새것으로 묻고

아름답게 덮은
아주 포근한 이불

현주(玄酒) - 제사 때 쓰는 맹물

조상님 모시는 날
감사한 마음

아득한 기억 속에
공손한 마음 담아

맑은 현주처럼
투명한 지혜

말씀하신
기준따라 잘 살게요

날지 않는 새

날개는 있지만
나르지 않고
땅바닥에서
길을 쫓는다

급하게 걸으며
뒤뚱대는 그 모습이
있는 날개 안 쓰는
이유를 모르겠다

일

열심히
최선을 다해서
열정적으로
움직인다

결과를 염두에 두고
시작의 선을 그으며
만들어 가는
삶의 1순위

꼬마 도령

버선발로
마루 끝에 앉아
두 손 모으고
세상을 기다린다

아직 모르는 것이
더 많아
작은 도포 자락에
호기심 숨기고

어른 흉내 내며
오늘도
에헴
고개를 까딱여 본다

그림자

빛이 만든
또 하나의 나

앞서기도 하고
뒤따르기도 하며

늘 같이 있어도
사라지는 순간

비로소
나 혼자임을

동생과 섬에

고등학생 오빠
중학생 동생
함께 간 교동도

반겨주는 건
강아지 한 마리
그리고 파출소

의심의 눈빛으로
불려간 곳
어색한 공기

세상의 눈은
의심할 만 했으나
틀린 상상을 했겠지

호구(虎口)

바둑돌 세 점으로
도망칠 곳 없는
호랑이 입 속

정신만 차리면 된다는
가르침도
무색하게

오늘도 어수룩해진
나를
돌아본다

등대

높아진 만큼
이정표
높은 절벽에
올라오는 파도

외로움이 일상이고
매일 바람을 맞으며
섭섭해하지 않고
수평선을 지킨다

추운 집

온기 없이
아무도 없는 집
고요한 상태

둔탁하게 놓인
멈춘 시계
조용하게 웅크리고

차가운 정적이
깨질 순간을
기다린다

생일의 구두

축하의 생일선물
구두 두 켤레

한 켤레는
너무 밝고

다른 구두는
운동화처럼 가볍다

신발장에서
주인행세를 하는 구두

인생은 속도

같은 시간
다른 속도

거북이와 독수리
각자의 속도가 있지만

끝내 멈추지 않는
걸음

느림이 아니라
쉬지 않는 정진

옷깃

옷깃만 스쳐도
인연이라는 말이

얼마나 가까워야
한다는 말인지

몰랐던 당신에게
웃으며 말했던

그 시간이
그리워져

봄날 아침

봄바람
잦아드는 날

겨우 내 닫혔던
나무들의 눈이 뜨이고

언덕너머
하얀 겨울의 꼬리만

비로소 알게 되는
차가운 봄날씨

라면

어디 가서
먹지 못하는
할아버지 라면

손주
건강 챙기시며
아낌없이 넣는 채소들

면보다 많은
애틋하심이
온몸 가득 따뜻하다

설거지

부업을 찾습니다
취미는 설거지

하루의 얼룩
거품 따라 사라지고

깨끗해지게
새것으로 만드는 식기

때 묻은 생각
물소리 따라 씻기고

나를 담아낼
빈 그릇이 된다

최선

최선이
무엇인지 여쭈면

최악의 선택을 말라
이르시는 말씀

무엇이 먼저인지
준비 뒤에

새로움이
실행되어야 한다고

죄책감

쏟아버린 말을
붙잡아 세우려

하지 못한 일들을
되새겨 보며

과거의 실수를
찾느라

지금을 제대로
살지 못하는 걸까

사계절

일년 농사 땀 방울
봄 그늘에 식히고

피 뽑는 애씀
여름 바람에 보낸다

감사의 시간
가을 햇살에 모으고

생각 많은 겨울
봄을 준비하고

시집

글을 쓰다 보니
짧은 실력에
알 수 없는 단어들이
쉴 새 없이 나타나고

이게 맞았는지
저게 맞았는지
베개가 맞는지
베게가 맞는지

여전히 사전을 찾아보는
초보 작가의
솔직한 고백으로
만드는 시집

산으로 가는 배

사공이 많은 배
물 위에 뜨면

노를 쥔 손마다
생각이 달라

물결도 탓하고
바람도 원망하네

모두가 가야 하는 곳
소통이 먼저인데

아쉬움

아, 하고

쉽다, 하는

사이 여백

비워 둔 자리만큼

만들어지는

길

언덕 넘기

인생사
쉽고 편한 일은
드물고

어디를 가도
멀쩡한 길은
없다

넘어가는 고개마다
힘겨웠던 경험
평지에 감사

지나가는 노견

지나가는
나이든 강아지
볼 때마다
아프던 롤이 생각이 난다

다리 아픈 줄 모르고
다이어트 해야 한다고
걷게 했던
무지가 떠올라

아는 것도 없으면서
다른 생명 사랑한다
그 말을
왜 했을까

바람

바람 없이도
흔들림은 있고

흔들림이 없어도
바람이 있을 때가 있다

볼 수 없는 바람이
숨어있는 곳

내 마음에서 일어나는
흔들리는 마음

손금

손금을 보려
활짝 편
손바닥

생명선
운명선
결혼선

잘 모르겠고
손이나 씻으러
가야지

금요일

매주 설레는 여행
기차를 타고
펜과 수첩을 꺼내 들고
글감을 찾아
헤맨다

흔들리는 기차 속에
풍경도 못 보고
태만한 나의 변명을
계속해서
끄적거린다

자유자재(自由自在)

자유 뒤에
붙어야 할 단어
자재

자기로부터
말미암은
자유

자기가
존재하는
자재

스스로가
이유가 되고
존재가 되는 삶

자취방

집에 돌아오면
텅 빈 곳

불을 켜면
나를 반기는 가구들

소리 없이
눈인사 하고

차 한잔 마시러
물을 끓인다

흠집

흠집이 난 차
수리소에 맡기고

떨어진 휴대폰
수리 센터에 가지만

금이 간 마음은
어디에 맡길지

마음의 상처
고칠 곳은 내 생각 뿐

혼돈

태양 앞에
나를 견주면
녹아 없어지고

그늘 속에
나를 숨기면
끝없이 커진다

뒤섞이기 전에
흐트러진 갈피를
내버려 두는 게 문제

콩나물 국밥

콩나물 국밥
먹는 날

빠르게 나오는
뚝배기 한 그릇

주말 이른 아침
여러 사람이 모여

육 천원에
배를 채우는 곳

주름진 관계들

구겨진 옷
다림질하면
쉽게 끝나는데

관계가 주름지면
열을 내도
펴지지 않는다

시간이
충분히 식어야만
비로소 펴진다

귀마개

추위가 무서워
이 옷 저 옷
껴입고

목도리를 두르고
장갑을 챙겨도
손을 불어가며 버텨도

더욱 고마웠던 건
시린 두 귀를
감싸주던 귀마개

송독

글쓰기 선생님
가르쳐 주신 핵심

소리 내어
읽어라

남이 쓴 글
내가 쓴 글

소리 내어 읽고
새겨라

온 몸이 알도록
꾸준히

서리태

내게 남은 간식
서리태

해외 출장에도
간식 챙기시는 마음

저절로
손이 가는
작은 검은콩

멀리 있어도
곁에 머무는
감사 가득한 사랑

내색 않기

마음 속 그림
내색 말라는데

얼굴은
그렇게 못하고

연기학원을
알아봐야 할지

여러 궁리로
고민 중

군장을 메고

처음 군장 메고
훈련장 가는 길에

아버지의 어깨보다는
가볍다는 현수막

군장의 무게가
더 무겁던 날

아직 나는
그분의 힘듦을 모르나 보다

차안대

경주마가 찬
차안대

옆을 보지 못해
앞만 보고 달린다

빨라지는 속도
좁아지는 길

오로지 점의 크기만한
앞만 보고 달린다

관점

각자가 가진
삶의 점

어디에 찍고
어떻게 찍는지

모두가 달라
뒤바뀌는 방향

점을 이어
각자의 선이 될 때

맞춰보지 않고
다름을 이해할 수 없다

쇄신

새해가 밝으면
묵은 때를 벗고

낡은 생각을
정리한다

옛 습관이
장애가 되지 않도록

비워야 하는
꼬여 있는 의식들

작가

어느 자리에 있든
각자의 영역에서
자기만의 글을
쓴다는 일

시간의 선택
문장으로 남겨
익숙해진 반복 속에
의미를 찾자

생활이라는 원고지 위에
자기를 쓰는 일
지워지지 않도록
태도로 남기는 일

졸고 있는 달

긴 밤을
오래토록 비추는

지쳐 있는 듯
지붕 끝에 걸렸다

가로등 아래
번지는 빛과의 다툼

언제나 양보하는
한결 같은 달

자투리 벽지

벽지를 바르고
조각으로
남은 자투리

쓸모없다며
어느 구석
한켠에 방치되고

필요해진
상처 난 벽에는
구세주 대우

덕분입니다

덕을 나누어 주셔서
감사히 살아갑니다

베풀어 주신 은혜
버티는 힘이 되고

충고의 말씀
내일의 용기가 됩니다

살아가는 나날이
덕분입니다

가정교육

밥상머리
둘러앉은 가족 속에

아주 사소한 습관
전화 통화 모습

일거수일투족이
교재가 되는

아이들의 입장에서
우선 필요한 것

삶의 기준과
지혜를 주는 것

색종이

형형
색색

각자 다른 크기로
작은 포장지에 싸여

누구의 손에서는
학이 되고

어떤 손에서는
보석함이 되고

언제나 여러 모습으로
창조되는 작은 종이

좋은 맘

좋지 않기 때문에
먹어야 하는
마음가짐

좋은 마음을 품고
길의 휴지를 줍고
애써도

어느 순간
잊혀지는
좋아야 된다는 그 마음

소보로빵

나의 배고픔을
달래는 간식

부서지는 겉면
고소한 가루

흘린다고 야단맞던
그 노란 가루

허기를 달래며
떠오르는 추억

적재적소

물 들어오면
배 띄우고

눈보라 치면
이글루를 만들어라

오르막길에는
뭉쳐 오르고

내리막길에는
각자 가자

시골

떠나온 사람만이
부르는 이름

어릴 적 고향
그 이름 시골

인공적인 개발이 없어
자연스러움이 있는 곳

사람이 많지 않아
사람이 그리운 곳

노을

시뻘건 불꽃이
피어오르는

서쪽 해 질 녘
아름다운 세상

장미가
흉내 못 낼

찬란한 색의
빛의 향연

노을에 취해
밤이 오는 걸 몰랐다

회상

경험의 재생
지난 일을 돌아보며

이런 저런 후회와
감동

때늦은 깨달음이
세상을 다르게 보고

꼬리물고 따라오는
지난 기억이 멈추네

상자

네모난 그릇
잘게 쪼갠 나무 상자

마디마디가 보이는
튼튼한 대나무 상자

골판지라고 불리는
두꺼운 박스

담아야 하는 물건 따라
선택하여 쓰인다

물안개

새벽에 다가간
강가에는

물의 깊이와
강의 넓이를 알 수 없는

짙은 안개가
덮고 있다

물고기의 취침 시간
그들의 이불인가

눈동자

마음까지 보여 준다는
그 창문

아무리 들여다봐도
내게는 아무 것도 보이지 않는다

내 시력이 나쁜 것인지
상대 눈이 이상한 건지

아무리 봐도
알 수 없는 눈동자

첫차

아침보다 빠른
어슴푸레 새벽

고요함을 뚫고
들어오는 기차

줄 맞추어
기차에 오르면

새벽 공기가
따뜻하게 느껴진다

새해

새로 떠오르는 해에
붙이는
세 가지 이름

동지
낮과 밤의 길이가
뒤바뀌는 시간

입춘
절기의 시작
온 세상이 열리고

설날
색동저고리 꽃신 신고
달리는 날

눈치

때에 맞게
살피며

짐작도 하고
상상도 하며

조심으로 읽어내는
감각이 생길 때

고참의 경험 만큼
생기는 능력

달력

날짜 만을 보려고
나열해 놓은 것이 아니다

날짜마다 기록해 놓은
여러 기념일

무언가를 잊지 않으려
빼곡히 적어 놓은

관계를 이어가는
중요한 관심의 도구

과정

일이 되어 지는 경로는
수만 가지

일이 잘 되는 방법은
어떤걸까

우선 순위를
맞게 정하는 일이

이루는 성취의
진짜 과정

나의 숨결

자신 없어 하며
숨죽인 모습

내쉬는 숨
속도가 빨라질 때

마음을 흔드는
심장의 요동

처음처럼
조용한 숨결을 찾자

건빵

스물 셋
아무 것도 모르고

훈련장에 들어가
첫 행군을 했다

그 추운 겨울 새벽
주머니엔 건빵 한 봉지

한 시간에 세 개씩
아껴먹으며

돌아오는
마지막 코스

아껴둔 별사탕을
꺼내 먹던 달콤함

암막커튼

우리 집 암막커튼
외부의 빛을 차단한다

집 앞 가로등이
창에 비칠 때

눈부심을 막아 세우던
등화관제

옛 선배들에게 듣던
민방위 훈련

수평기

기울어진 마음에
살짝 얹으면

쏠린 물방울이
균형이 아니라고 말한다

반대쪽으로
기울이면

또다시 균형이
아니라고 말한다

재단

몸에 맞는
치수를 찾아내고

마음에 맞는
옷감을 고른 뒤에

잘 갈아 놓은
가위를 들고

재단사의 실력 따라
시공간을 자른다

손전등

밤길이 어둡다고
가로등을
옮겨 올 수 없고

잠든 달빛을
깨워
데려올 수도 없다

손전등 하나 덕에
발 아래를 비추며
살펴가야 하는 걸음

빗방울

유리창에
부딪혀

흘러내리는 길
스스로 만들고

겹쳐진 물길이
하나 되어

큰 흐름으로
이어진다

소금

썩지 말라
말하지 말고

소금을
뿌리고

간을 맞추라
말하지 말고

양념을
더해라

말보다
먼저 녹아라

달리기

주어진 목표를 향해
열심히 달렸다

세상에
안 되는 건 없다고

믿으며
발을 내딛고

오래
같이 달리다 보니

운동화 없이
맨발로 뛰네

냉장고

우리 집 냉장고는
늘 만원

각자가
자기 자리를 잃고

그나마 뺏기지 않으려
애쓴다

비우면
또다시 채운다

비우고 채움의
반복 게임기

115

시간

시간이라는 뜰채로
빛의 파편을 건져

손에 닿은 반짝임
내가 만들어내는 것들

여러 생각
먼 길 돌아온 흔적

올려다본 별빛
지나간 밤을 그리며

늦게 도착하는
시간의 안부

아픔

어디가 아픈가
언제 아픈가

마음의 아픔이
베인 손가락 보다

아픈 상처로
다가올 때

알 수 없는
더 큰 통증이

온몸을 휘감는듯
아프다

산책길

추억 가득 산책길
롤이 화장실
그래서
추억길

추억길에서는
불편했는지
사람들의 산책길에
자주 머문다

이제는
함께 하지 못 할
추억길의 배변
산책길의 달리기

마무리

글을 마무리할 때
하는 생각

후회 되지 않게
하고 싶은 말들

잘 가려내서
고르고 나면

내가 보아도
끄덕여져야 하는 글

개미의 발견

줄줄이 걸어가는 개미들
말없이
같은 방향 향해

과자 부스러기 하나에
길을 만들고
진하게 이어지는 검은 선

앞서가는 것을
따라가는 듯하지만
각자의 몫이 있고

짐을 옮기는 모습
최선을 다하는
개미에게서 배운다

그때 그곳에는

초판 1쇄 발행 2026년 3월 5일

지은이 곽동일
펴낸이 권지현
펴낸곳 이음과펼침
책임편집 이음과펼침 편집부

출판등록 2025년 7월 21일 제2025-000129호
주소 서울시 서초구 양재동 392-3, 202B
이메일 connectnbloom@gmail.com
원고투고 connectnbloom@gmail.com
홈페이지 www.connectnbloom.com

ISBN 979-11-24329-14-6(03810)

· 가격은 뒤표지에 있습니다.

· 파본은 구입하신 서점에서 교환해 드립니다.